AF356678

Le règne du pouvoir, des priviléges, de la corruption est fini ; la République est proclamée, gouvernement de tous et de justice réelle.

Ces mots : *Liberté, Égalité, Fraternité*, vous apprennent que vous êtes tous libres de vos opinions et de vos propriétés, sauf les obligations que vous avez à remplir envers l'ordre social et envers la grande nation qui vous protége, et qui, sans cela, cesseraient d'exister.

Créés égaux devant Dieu, la France nous rend tous égaux devant la loi.

1848

Aptes désormais à voter vos conseillers, vos députés ; à remplir, sans distinction aucune, tous les emplois publics, c'est la seconde fois que la nation puissante donne cet exemple à l'univers !

Depuis plus d'un siècle des hommes instruits, généreux, avaient préparé ce triomphe des droits de l'homme, en y consacrant les efforts de toute leur intelligence et leurs veilles. Le sang le plus pur de la nation a coulé pour y imprimer le cachet de la durée. Le succès sera-t-il complet ? C'est à nous de former maintenant un faisceau de nos bras, de notre savoir, de notre travail, de notre dévouement au bien général comme à l'ordre public, pour rendre la France heureuse et florissante au dedans ; à l'étranger, invincible et formidable.

Rappelez-vous ce qu'étaient vos pères il y a cinquante ans.

Le monde entier frémit d'admiration en se reportant à la conquête de l'Italie, où tous les soldats des régiments français, unis entr'eux comme des frères, après les plus longs travaux toujours partagés sans murmure, les privations les plus cruelles supportées en commun sans regret, les marches les plus pénibles, les pieds nus et sanglants, demandaient aux cris de « *Vive la République* », l'ennemi, des cartouches et des souliers.

Sachons rester unis comme eux ; sachons, s'il le faut, les imiter encore.

La prospérité nationale que vous croyez menacée ; une invasion étrangère que vous supposez possible, vous préoccupent.

Si les hommes que vous allez nommer par vos suffrages, et qui se placeront à la tête du gouvernement, sont généreux, instruits, incorruptibles ; ils auront toute facilité, pour faire découler sur chacun de nous, une certaine partie de bien-être réel et d'orgueil national, suffisants pour retenir tout citoyen dans ses devoirs par l'exemple. Quant à l'invasion étrangère, si nous marchons unis, elle est impossible ; et, il n'y a plus que des traîtres, qui pourraient la supposer aujourd'hui.

En tout temps, dans tout pays, en tous lieux, une République, une République repoussant les hommes corrompus et la corruption, est demeurée invincible. De très petits Etats, la Suisse, luttant contre l'empire d'Autriche ; la Hollande, condamnée par la nature à demander sa subsistance, son pain à l'étranger, à défendre son territoire contre les attaques de l'Océan, trouve encore, malgré cela, assez de fureur et d'énergie pour repousser toutes les forces réunies de l'Espagne, et Philippe II, le sanguinaire, qui paraissait vouloir l'écraser, l'anéantir.

Le plus grand danger, le seul danger réel peut-être, c'est de laisser, par de faux ménagements, désormais au pouvoir, ou à l'administration, des chefs corrompus, façonnés même à la corruption, pendant tout le règne de l'ex-roi Louis-Philippe. Ce nombre d'hommes est grand, très grand, son chiffre indique même tous les hauts fonctionnaires du gouvernement déchu, et surtout, l'ancienne magistrature, dont la lâche complaisance, la conscience large, avide et servile, se vendait sans relâche au pouvoir comme aux gueules béantes du trésor.

Que craignait-elle cette magistrature ? n'était-elle pas assurée de l'impunité ! Que craignait-elle cette magistrature ? chef-d'œuvre de la déraison, n'était-elle pas inamovible !

On vous promet de réformer ces abus. On vous promet également d'abolir la perception vexatoire d'un impôt avilissant, odieux. Ai-je besoin de nommer avec la France entière et courroucée, les impositions indirectes ?

Le Gouvernement provisoire y est engagé d'honneur. Cela tient même à la liberté, à l'égalité promises ; et la nation, comme les individus, ne pourraient les supporter sans s'avilir ; je ne dis pas assez, sans infamie.

Le produit de cet impôt ne sera d'ailleurs que déplacé, et, en outre, nous avons les ressources de 150,000,000 d'économies possibles, par l'occupation restreinte de l'Algérie, la suppression de la liste civile, la modification des grands emplois publics, leur contribution aux charges de l'État etc., etc., etc. (1). (2).

Apportons donc tous le plus grand soin à épu-

---

(1) Doivent être exceptés : 1° l'armée ; 2° l'instruction ; 3° les cultes.

(2) Telle industrie qui ne rapporte pas annuellement 150 francs, paie une patente ; telle autre, qui rend à son possesseur de 5,000 à 30,000 fr. de rente, n'en paie pas. Équité admirable !

rer les hommes auxquels nous confierons nos intérêts privés, comme ceux de la commune,
comme ceux remis pour la discussion des droits
sociaux émanant de 34,000,000 d'habitants,
couvrant, fertilisant, baignant trop souvent de sa
sueur un territoire de 52,000,000 d'hectares (1),
faisant mouvoir une richesse nationale de plus
de 42,000,000,000, grevée il est vrai de
19,000,000,000 de dettes, de procès et d'actions,
outre un budget épouvantable, toujours annuellement englouti, de 1,400,000,000 de francs.

Cette position est grave ; elle demande des me-
sures franches, loyales, désintéressées, énergi-
ques et progressivement réformatrices.

La déclaration du Gouvernement provisoire,
repoussant toute rétribution, tout salaire, ainsi
qu'il vient de le déclarer, nous montre tout ce
que nous pouvons nous promettre des élans de

____

(1) Ajoutez-y 2,000,000 d'hectares, en produit, pour l'Algérie,
les Colonies.

Combien cette immense agriculture aura-t-elle de représentants
à l'Assemblée Nationale ? Nous verrons plus tard.

son patriotisme, et combien nous devons alors énergiquement seconder ses efforts.... Qui de vous, s'il marche loyalement dans cette voie, lui refuserait l'appui de ses moyens pécuniaires, de son bras, de son industrie ? La nature semble nous seconder dans cette œuvre. La campagne est magnifique de richesse et d'espérance ; les grains d'hiver ont réussi ; les prairies annoncent des produits remarquables.

Il y a 80 ans, à peine, que l'on a compris en France, que la richesse nationale se basait sur l'agriculture, aidée du commerce et des manufactures. Depuis ce temps, la population a presque doublé ; la richesse territoriale est devenue six fois plus grande ; cependant le froment ne vaut en 1848 que 3 francs en plus, par hectolitre, qu'en 1768, quoique l'argent ait aujourd'hui une valeur beaucoup moindre, c'est-à-dire que le froment est réellement à meilleur marché qu'il ne l'était à cette époque, outre qu'il est d'une qualité supérieure, beaucoup plus dégagé de graines, plus propre, mieux vanné.

Pour la viande de boucherie, il en est tout autrement. Depuis 1768, le prix a doublé, même

en tenant compte de la valeur décroissante affec-
tée au numéraire.

Plusieurs causes agissent sur la cherté de ce
produit. Avant tout et hors ligne , se trouvent
l'action de la population accrue et le capital beaucoup trop faible, destiné à cet objet, par l'agriculture.

L'impôt sur le sel agit ici d'une manière défa-
vorable , désastreux même sur les terrains cal-
caires : sur ces terres, tous les animaux qu'emploie
l'agriculture, sans exception, demandent impérieu-
sement du sel. Non-seulement leur santé , leur
vigueur en dépend, mais pour ceux destinés à
l'abattoir, la qualité de leur viande. D'ailleurs,
la nature n'a-t-elle pas créé le sel comme l'eau,
comme le soleil, comme la lumière, pour tous
les hommes ? Je dirai même, pour tous les animaux ? L'impôt qui frappe une chose aussi abon-
dante , aussi utile, aussi nécessiteuse, n'a jamais
pû se trouver établi , que par les efforts successifs,
cruels et toujours envahissants de la tyrannie.

En demandant des concessions au trésor en
faveur de certains objets d'une consommation
générale , il est juste aussi d'indiquer où , sans

vexation réelle, il pourra retrouver une très grande partie des ressources qu'on lui ôte.

Je sais que je vais exciter, ici, toutes les attaques directes et obliques de l'égoïsme ; mais je parle pour tous, dans l'intérêt de tous, et certes, je ne reculerai pas devant les intérêts isolés, devant quelques haines privées.

Pourquoi les chiens de fantaisie, de luxe, ne seraient-ils pas imposés ? ne sont-ils pas une charge calamiteuse pour le peuple, surtout dans les années de disette ou de pénurie ?

Pourquoi les chevaux de luxe ne paieraient-ils pas un tribut ? Quand le pot-au-feu de l'ouvrier, subsistance quelquefois précaire de toute une pauvre famille, paie trois, même quatre tributs, en détail, à la fois. Pourquoi ne ferait-on pas contribuer l'orgueil, la richesse, le plaisir ?

Pourquoi ceux qui veulent remplir une maison de serviteurs oisifs, n'apportant pas même la valeur d'une truelle à l'industrie, ne devraient-ils pas se priver de quelque superflu de leurs grands biens pour autoriser, aux yeux de la raison, de l'humanité, du moins leurs fantaisies.

Tout cela n'est rien encore, et j'arrive enfin

au plus révoltant de tous les priviléges. Il y a en France 125,000,000 de parcelles possédées par 10,000,000 de propriétaires, qui paient à l'Etat de 13 à 20 p. % de leur revenu net.

Tous ces propriétaires, la plupart actifs, utiles; tous ces cultivateurs, tous ces industriels sont frappés et même dès avant la production, dès avant la récolte. Tous ces hommes réellement utiles, actifs, intelligents sont poursuivis, entravés, vexés dans leur industrie.

Le capitaliste, l'homme à contrats, l'homme à deniers comptants, à larges rentes; l'être nul, pour m'expliquer mieux, ne paie rien, absolument rien à l'État, qui le défend cependant par ses lois, le protége cependant de son armée.

Veut-il s'effacer, cet homme privilégié, derrière tous les subterfuges de son plus dur égoïsme? j'y consens; j'y consens volontiers. Faisons-lui une part grande, large, immense, s'il la veut telle, de toutes nos protections nationales. Tandis que le commerçant, l'industriel, se consacrent à l'exportation annuelle d'un milliard de valeurs; que l'habitant si laborieux, si actif des campagnes, fait naître 40,000,000 de têtes de bétail destinées (1) à la

---

(1) Ne sont pas compris les veaux, les agneaux, livrés avant l'âge de trois mois à la boucherie; les chèvres, les porcs.

boucherie; qu'il fertilise 6,000,000 d'hectares cultivés en froment et ensemencés de 15,000,000 d'hectolitres qui lui rendront à peine 6 grains net pour un, que cet homme paie encore à l'État le sixième de son revenu net, pourquoi le capitaliste, le rentier, l'être nul, improductif au moins, demeure-t-il exempt de concourir aux charges que doivent lui imposer son bien-être réel, sa fortune ?

Que le capitaliste paie, non le 6me mais la 60me partie ; je ne crois pas me tromper, je dis bien positivement la soixantième partie de son revenu net !

Voilà cependant une source de richesses où l'État, disons mieux, des hommes rapaces mais égoïstes avant tout, n'ont jamais puisé. Cette partialité flagrante doit cesser aujourd'hui avec le règne de l'injustice et de la fraude.

Et puis, ces places tant convoitées, ces places si commodes pour la nullité de l'action, au nombre de 136,000, recevront-elles encore leur immense, leur vexatoire, leur immoral salaire ? Le chiffre seul des frais de perception atteindra-t-il encore 131,000,000 de francs ?

Voilà mon opinion ; voilà quels sont mes principes.

Ce n'est pas pour moi que je parle. Vous me connaissez ; j'ai vécu, j'ai travaillé près de vous. Je n'ai jamais rien voulu, rien demandé pour moi : si je parle, c'est pour les classes industrielles, actives ; pour les classes utiles à l'État ; pour les classes pauvres. J'ajoute de suite, que jamais, dans aucun temps, je n'accepterai une position salariée, quoique je sois prêt à consacrer à la République, pourvu que ce soit gratuitement, vingt années d'études et de travaux positifs, s'ils peuvent lui offrir quelque jour une utilité réelle.

Après nous être éclairés mutuellement sur nos devoirs, ce que je veux nous voir conserver intact, c'est l'amour de la gloire, de la richesse, de l'indépendance inviolable de la République française ; c'est le droit de faire une guerre sans relâche, une guerre de tous les moments aux ennenemis de l'État, comme aux usurpations de la tyrannie.

CAMILLE ROUZÉ.

Cultivateur à Charmois, près de Toul.

Demande. Quels sont les hommes les plus utiles au peuple?

Réponse. Les agriculteurs.

Demande. Quels sont les hommes les plus nuisibles au peuple?

Réponse. Les avocats.

Eh bien, Messieurs, vous aurez à l'Assemblée Nationale, en raison inverse du carré de l'utilité réelle, aussi peu de cultivateurs, que vous aurez trop d'avocats.

Croyez-vous cependant l'agriculture plus dépourvue de représentants instruits que l'avocasserie? Il y aurait là une injure bien grande jetée sur une masse laborieuse, formée de six à sept millions d'hommes, toujours agissants et tirés de dix millions de propriétaires.

TOUL, IMPRIMERIE DE Ve BASTIEN.